FACULTÉ DE DROIT DE TOULOUSE.

THÈSE

POUR LA LICENCE

IMPRIMERIE DE Ve SENS ET PAUL SAVY,
RUE ST-ROME, 4.

1853.

A MON PÈRE, A MA MÈRE,

A MES AMIS.

FACULTÉ DE DROIT DE TOULOUSE.

THÈSE

POUR LA LICENCE,

EN EXÉCUTION DE L'ART. IV, TITRE II, DE LA LOI DU 22 VENTOSE, AN XII.

SOUTENUE

Par M. VIGUIER (Jules-Adrien),

Né à Beauville (Haute-Garonne).

JUS ROMANUM.

INSTITUT. LIB. II. TITULUS XIII,

De exheratione liberorum.

Cùm in principio pater familias suâ re uti et abuti quidem posset, ideò et eam rem cuicumque inter cives per testamentum tradere poterat ; sensim verò id valuit ut pater familias cogeretur suis ante ceteros consulere undè necessarii hæredes et legitimarii. Quapropter ne inutiliter testaretur quasdam personas aut instituere aut exheredare testator fuit coctus.

Fingitur enim filius quasi bonorum paternorum particeps dùm vivit pater familias, undè hæres suus dicitur ; ergò, si decesserit pater horum bonorum dominium filio non transfertur, sed continuatur, ideò que necesse est, ut pater hanc dominii continuationem tollat ; quodsi filium præterierit, illâ continuatione non sublatâ, testamentum inutile est.

Ea tamen non ab origine principia valuerunt ; sed, temperata sensìm fuit prioris juris acerbitas ; trià ergò tempora inspicienda sunt et dividenda materia est ; quod ad jus priscum, quod ad jus prætorium, ad jus justinianeum attinet.

§ I.

De jure veteri.

Si pater familias, qui filium inpotestate habet, extraneam personam instituere velit, curare in primis debet, filium simul hæredem cum extraneo instituere, vel illum expressis verbis exhæredare ; ità quidem expressis verbis, ut et nominatim exhæredet, « alioquin si eum silentio præterierit inutiliter testabitur » ; adeò quidem, ut, et si vivo patre filius mortuus sit, nullus ex eo testamento hæres existere possit, quia scilicet ab initio non constiterit testamentum.

Sed non item de filiabus vel aliis per virilem sexum decendentibus liberis utriusque sexûs ; quibus enim omissis, non ideò testamentum infirmabantur, et jure poterant uti adcrescendi ad certam portionem ; nec nominatim illos exheredari jubebatur, sed licebat eam adhibere formulam « inter ceteros exheredes sunto. »

Quid de Postumis.

Sunt postumi et quasi-postumi :

1° Postumi quidem propriè dicuntur liberi, qui, confecto testamento, nati sunt, et qui ab ortu patris familias in potestate tenentur.

Quasi postumi verò dicuntur (in postumi loco sunt.)

1° Liberi adoptivi vel adrogati, vel qui legitimi facti sunt a confecto testamento.

2° Qui, nati quidem, dùm conficeretur testamentum, ab eo tempore in potestate testatoris facti sunt.

Cùm incertæ personæ essent postumi, nec institui heredes, nec exheredari poterant.

Nec eos qui postumorum loco sunt exheredare licebat, quia sui hæredes non erant dùm scriberetur testamentum. Posteà verò, licuit eos exheredare, ne infirmarentur pleraque testamenta.

Hanc primus introduxit formulam Aquilius Gallus quâ avus instituere potuit nepotem, si nepos avo mortuo, nasceretur : vel si nasceretur, confecto jàm testamento et patre mortuo ; postumus ille aquilianus dictus est.

Quinimò lex Julia Velleia voluit exheredari non solum eos, qui nondùm nati erant, cùm conficeretur testamentum, sed etiam eos, qui, quamvis nati essent antè confectum testamentum, nondùm testatoris in potestate erant nec ideò sui hæredes. Quod et nepotem etiamque pronepotem indicadat.

Ex his apparet; postumos propriè vocatos, postumos Aquilianos, postumos Velleianos exheredare nominatim necesse esse, eâ scilicet formulâ : « Postumus meus filius vel nepos vel pronepos exheres esto. » Quodsi non nominatim exheredarentur, inutile testamentum fiebat.

Nec difficile est hanc prioris juris historiam inspicere summatim : Cùm in principio exigeretur exheredatio nominatim, quod ad filium pertineret, posteà verò exigeretur et nepotis et pronepotis ; quod verò ad filias, et neptes et proneptes spectat, ut satis erat eas inter ceteros exheredari, eâ quidem conditione ut iis aliquod legatum relinqueretur quo indicaretur eas non oblivione omissas fuisse ; evolventi progressus jàm juris notare licet.

Aliud tandem discrimen erat, quippè cùm, omisso filio, irritum fieret testamentum ; contrariò filiæ neptes que et proneptes, quæ nec scriptæ nec inter ceteros exheredatæ fuerant, bonorum possessionem obtinebant *contra tabulas*, nec satis valebat earum omissio ut infirmaretur testamentum.

§ II.

De jure prœtorio.

Ex jure civili fiebat ut emancipatus filius inter hæredes suos annumerari desineret, ideò que illum exheredare necesse non erat ; quippè omnem cognationem emancipatio dissolvebat ; indè quæsita emancipatione libertas, non modô non proderat, imò sed nocebat sæpissimè emancipato. Idem erat interdùm de adoptivo filio ; qui, cùm a naturali patre per adoptionem se disjungeretur, eo ipso hæredis sui qualitatem amittebat, et familiæ adoptivi patris jure civili adjungebatur. Tunc verò si ab adoptivo patre per emancipationem solveretur, nullum illi jus super erat, sive in naturalis patris hæreditate, sivè adoptivi. Quam ut acerbitatem juris levaret, voluit prætor, filium ex utrâque hereditate depulsum in possessionem admitti *contra tabulas*.

Hâc utebantur possessione, quam diximus contra tabulas, emancipatus filius nepos que ad illo natus, si quidem nominatìm exheredati non fuissent; utebantur et filiæ et neptes, si non inter ceteros fuissent exheredatæ.

Quodsi adoptivus filius ab adoptivo patre emancipatus foret, vivo adhùc patre naturali, jubebatur pater naturalis filium vel instituere vel exheredare, sin autem emancipatus foret ab adoptivo patre postquàm defunctus erat pater naturalis, et si ab eodem patre adoptivo omitteretur, a prætore vocabatur in possessionem contra tabulas, quæ tantùm valebat in bona adoptivi patris.

Vidimus jus prætorium temperamentum juri civili attulisse quod ad emancipatos et quod ad adoptivos liberos attinet; majus verò est notandum aliud discrimen, scilicet in eo, quod ex jure civili inutile sœpiùs fiebat testamentum : exempli gratiâ : si masculini sexûs liberi et primi gradûs non nominatim exheredati forent, filiæque inter ceteros; at ex jure prætorio non omninò infirmabatur, iis omissis, testamentum; tantùm modò rescindi poterat : id est : si omissi hæredes jus suum repeterent testamentum non valebat; sin autem tacerent, vim suam servabat.

§. III.

De Jure Justinianeo.

Omnem verò differentiam abstulit Justinianus inter masculos et feminas, quia, inquit « utrâque personnâ in hominum procreatione similiter natura officio fungitur................ Ideò, constitutio nostra, simplex ac simile jus infiliis et in filiabus et in alteris descendentibus per virilem sexum personis, non solum natis, sed etiam postumis introduxit, ut omnes................ Vel hæredes instituantur vel nominatim exheredentur. » (Ex Ins. Just. §. 5. lib. 2. titulus. 13).

Ex eo quod solus pater familias aut hæredem instituere vel exheredare debet, ea lex sequitur, juri civili admissa, et prætoris edicto, imperatoribusque sancita; « mater vel avus maternus necesse non habent liberos suos aut hæredes instituere aut exheredare sed possunt eos omittere. » (Ins. Jus. §. 7. lib. 2. Titulus XIII.)

Natanda tandem est lex ea, ab imperatoribus belli necessitate introducta, quæ, ut multa alia commada, ita illud singulare militibus offerebat : justum enim et necesse visum est ut occupato in expeditione militi liberos suos jam natos vel postumos omnino silentio præterire liceret, dùm modò non ignoraret se liberos habere.

DROIT FRANÇAIS.

CONTRAT DE MARIAGE. C. N. L. 3. T. 5.

De la dissolution de la communauté.

PREMIÈRE PARTIE.

Historique.

Avant d'entrer dans l'examen des principes qui régissent la dissolution de la communauté ; avant de l'étudier dans ses conséquences, nous croyons devoir rechercher l'origine historique de ce régime, et exposer en peu de mots comment il est devenu le droit commun de la France.

L'origine de la communauté est fort ancienne ; c'est vainement que les auteurs ont fait tous leurs efforts pour fixer les lieux et l'époque de sa naissance.

Quelques-uns veulent la trouver chez les Saxons, où la femme, par la mort de son époux, devenait propriétaire de la moitié de tous les bénéfices qu'une collaboration commune avait réalisé pendant le mariage.

D'autres vont la prendre chez les Gaulois. Ces divers systèmes, quoique fondés sur les dispositions de l'ancienne jurisprudence, sont traités de conjectures hasardées, par ceux qui croient que la communauté est la suite naturelle, forcée, de la vie commune et indivisible des époux.

Ce qu'il y a de certain, c'est que nous tenons du nord le régime en communauté.

Lorsque les rédacteurs du Code, poursuivant le but de la révolution, voulurent établir l'unité législative, ils se virent forcés de choisir un régime qui serait le droit commun de la France, et qui suppléerait au défaut de stipulation de la part des époux.

Le régime dotal était en usage dans les pays du midi que régissait le droit écrit; les provinces du nord, au contraire, où dominait le droit coutumier, usaient du régime en communauté.

Le travail de la commission présenta la communauté comme devant être le droit commun, et gardait le silence sur le système dotal.

Il y eut opposition à l'Assemblée, le midi s'en émut, toutes les Cours prirent part à la discussion; enfin le régime en communauté resta le droit commun, mais le régime dotal consacré également par la loi demeura facultatif.

Pourquoi le régime en communauté a-t-il été préféré ?

Est-ce parce qu'il est mieux applicable que le régime dotal, à un grand nombre de mariages où la femme ne porte en dot que son industrie, le plus souvent rien du tout ?

L'Assemblée aurait-elle ainsi choisi, dans le but de laisser à la circulation une grande partie de propriétés immobilières devenues inaliénables par suite de la constitution de dot ?

Nous n'avons pas à traiter la communauté en général, nous ne pouvons pourtant nous dispenser de donner sa définition, et d'indiquer le point de son départ. Nous traiterons ensuite plus au long sa dissolution, en nous efforçant de faire ressortir ses conséquences les plus saillantes.

De la communauté. — Sa définition.

La communauté est un régime dans lequel les époux mettent en commun, tout ou partie, soit de leurs biens, soit des profits qu'ils feront pendant le mariage.

C'est donc une société, et l'on peut la ramener à cette forme première, quoique à part cette ressemblance de physionomie, il existe entre la société proprement dite et la communauté de très-notables différences.

La communauté commence du jour où l'acte de mariage a été célébré devant l'officier de l'état civil.

La date de son commencement et le moment de cette célébration forment un synchronisme parfait.

Sans nous étendre davantage, nous dirons qu'elle est conventionnelle ou légale, selon que les parties ont ou non modifié les règles tracées par la loi.

DEUXIÈME PARTIE.

DISSOLUTION DE LA COMMUNAUTÉ.

Comment se dissout la communauté ?

Aux termes de l'art. 1441 du Code civil, la communauté se dissout par la mort naturelle, par la mort civile, par la séparation de corps, par la séparation de biens; à ces causes de dissolution, on peut ajouter l'absence, lorsqu'il y a eu envoi définitif en possession.

Toutefois, il est à remarquer que lorsqu'il y a eu déclaration d'absence, cette faculté accordée à l'époux présent de demander la dissolution de la communauté est assez illusoire, puisque la loi exige qu'il se soit écoulé trente ans depuis l'envoi provisoire, ou cent ans depuis la naissance de l'absent.

La dissolution par la mort civile peut avoir des résultats assez bizarres, je dirai même déplorables.

Supposons un homme marié qui subit une peine emportant mort civile ; sa fortune est divisée entre ses héritiers, sa femme convole à de secondes noces ; au bout d'un certain temps le condamné étant grâcié, il se trouve sans foyer, sans biens, sans famille, la loi qui l'aura réhabilité aux yeux de la société aura approuvé l'infidélité de la femme, et la fera descendre au rang des concubines si par vertu elle n'a pas convolé et revient à son premier mari. Je sais que légalement, en regardant la mort civile comme l'image de la mort naturelle, ces effets sont inévitables ; mais la lettre de la loi ne devrait-elle pas se conformer ou du moins fléchir quelquefois devant l'équité naturelle ?

L'art. 1442 nous dit : « Le défaut d'inventaire, après la mort naturelle ou civile de l'un des époux. ne donne pas lieu à la continuation de la communauté, sauf les poursuites des parties intéressées, relativement à la consistance des biens et effets communs, dont la preuve pourra être faite tant par titres que par la commune renommée.

S'il y a des mineurs, le défaut d'inventaire fait perdre en outre à l'époux survivant la jouissance de leurs revenus ; et le subrogé-tuteur qui ne l'a point obligé à faire inventaire, est solidairement tenu avec lui de toutes les condamnations qui peuvent être prononcées au profit des mineurs.

Le but de la première partie de cet article, est d'abroger les dispositions de certaines coutumes qui permettaient la continuation de la communauté entre le survivant et les héritiers.

L'inventaire doit être fait dans les trois mois, sauf demande en prorogation : A défaut par le survivant de faire cet inventaire, il est déchu du droit d'usufruit légal sur les biens de ses enfants, qu'ils soient mineurs ou majeurs ; tel paraît être l'esprit sinon la lettre de notre article.

Sans parler de la séparation de corps, nous dirons qu'elle a pour corollaire, pour conséquence médiate et forcée la séparation de biens.

De la séparation de biens.

La séparation de biens peut être contractuelle ou judiciaire. *Contractuelle* ou résultant de la convention des parties, elle forme un régime qui a ses règles particulières, art. 1536 et suivants du code. *Judiciaire*, elle ne peut être demandée que par la femme et serait nulle si elle émanait de la volonté des parties.

Reste à savoir quelles sont les causes qui permettent de faire prononcer cette séparation.

L'art. 1443 nous dit que la seule cause que puisse alléguer la femme pour provoquer une séparation de biens, est un dérangement tel, dans les affaires du mari, que ses biens ne suffisent pas pour les droits et reprises de la femme. Au reste, il ne faut pas croire que cette faculté soit ouverte à la femme pour ses droits présents, seulement elle pourrait parfaitement demander la séparation, alors qu'elle n'aurait rien apporté, et pour ses droits éventuels.

D'après l'opinion de MM. Pont et Rodière, sur le contrat de mariage, la séparation pourrait être accordée à cause de la mauvaise administration du mari et quoique ses biens fussent suffisants pour garantir l'apport de la femme.

L'article 1445 nous trace les formalités qui doivent suivre le jugement de séparation, mais il ne parle nullement de la procédure préliminaire ; le code de procédure, art. 865 et suivants, supplée à ce silence.

Aux termes de ces articles (865 et suivants), la femme ne peut intenter l'action, sans l'autorisation préalable du président du tribunal civil : elle doit, en outre, faire insérer un extrait de cette demande ;

1° Dans un tableau à ce destiné dans la salle principale du tribunal de première instance (art. 866 C. pr.) ;

2° Dans l'auditoire du Tribunal de commerce, s'il en existe un dans l'arrondissement (art. 897 C. pr.);

3° Cet extrait doit être affiché dans les chambres d'avoués et de notaires;

4° Il doit être reproduit dans un des journaux qui se publient dans le lieu où siège le tribunal, et s'il n'y en a pas, dans un journal d'une autre ville du département (art. 808 C. pr.)

Il est facile de voir que sans ces dispositions les créanciers du mari ne seraient avertis de la séparation qu'après le jugement, et les droits de contestation que leur accorde l'art. 1447 seraient illusoires. Aussi l'art. 869 C. pr. prononce-t-il la nullité du jugement qui serait prononcé avant le délai d'un mois; délai qui commence à courir du jour où ces formalités préliminaires ont été accomplies.

Le Code civil prescrit la publicité du jugement avant son exécution, par l'affiche dans la principale salle du Tribunal de première instance; et dans celle du Tribunal de Commerce, dans le cas seulement où le mari était commerçant ou banquier (art. 1445). Le Code de procédure est venu le compléter et en augmenter la rigueur, en exigeant, même lorsque le mari n'est pas commerçant, que le jugement de séparation soit lu publiquement au Tribunal de Commerce, s'il y en a dans l'arrondissement, sinon affiché pendant un an dans la salle de la mairie (art. 872 C. pr.)

« La séparation de biens, quoique prononcée en justice, est nulle, si elle n'a point été exécutée par le paiement réel des droits et reprises de la femme, effectué par titre authentique jusqu'à concurrence des biens du mari, ou au moins par des poursuites commencées dans la quinzaine qui a suivi le jugement, et non interrompues depuis. » 1444.

Cet article paraît être en contradiction avec l'art. 174 du Code de procédure qui accorde à la femme trois mois pour faire inventaire, et quarante jours pour délibérer. Pourtant, cette contradiction apparente disparaît, si l'on entend par exécution, un commandement fait au mari de payer les frais, une assignation devant le tribunal pour procéder à une liquidation ; mais quant aux droits et reprises de la femme, on ne peut bien les connaître qu'après l'inventaire ; il faut donc voir dans ce délai une interruption légale et non une discontinuation de poursuites.

Le législateur n'a pas voulu exposer la bonne harmonie d'un ménage à la merci de la cupidité des créanciers ; il a atteint ce but en nous donnant la première partie de l'art. 1446. Cependant, si le mari est en faillite ou en déconfiture, les créanciers de la femme peuvent exercer les droits de leur débitrice ; on voit que toujours, protectrice des intérêts de la femme, la loi vient, dans ce cas, la sauvegarder contre sa propre inaction. Si la femme venait à mourir dans le courant d'une instance commencée avec son assentiment, les créanciers ou même leurs héritiers pourraient la continuer. Un assentiment donné peut en tout état de cause être retiré par la femme.

Quant aux créanciers du mari, il est évident que pas plus que lui ils ne peuvent demander la séparation, mais ils peuvent la contester, s'y opposer même, si elle est en fraude de leurs droits ; si le jugement est déjà prononcé, ils peuvent l'attaquer par la voie de l'opposition et de l'appel. Ces deux voies de recours leur sont ouvertes toutes les fois que les formalités exigées ont été exécutées. Si quelqu'une des formalités préliminaires a été omise, ou si les créanciers prouvent qu'il y a fraude de la part des époux, ils peuvent attaquer le jugement par la tierce opposition.

Des effets de la séparation judiciaire.

Le jugement de séparation est rétroactif quant à ses effets ; pour le mari il remonte au jour de la demande, c'est-à-dire à la date de la signification de l'exploit introductif d'instance ; à l'égard des tiers, il ne peut réagir qu'au jour où ils ont dû être avertis du procès par l'exécution de toutes les formalités préliminaires de publicité.

Par la dissolution de la communauté la femme reprend l'administration de ses biens ; mais que ferons-nous du temps intermédiaire entre la demande et l'obtention du jugement ? Il est évident que les actes d'administration qu'aura fait le mari seront valables, mais ils ne pourront lier la femme quant à ses biens personnels.

La femme séparée peut aliéner ses meubles soit à titre gratuit soit à titre onéreux ? Quant à ses immeubles, il lui faut toujours l'autorisation du mari et à défaut, de la justice.

Aux termes de l'art. 1450 du Code civil, le mari n'est point garant du défaut d'emploi ou de remploi du prix de l'immeuble que la femme séparée a aliéné avec autorisation de la justice, à moins qu'il n'ait concouru au contrat ou qu'il ne soit prouvé que les deniers ont été perçus par lui, ou ont tourné à son profit. Il est garant du défaut d'emploi ou de remploi si la vente a été faite en sa présence ou de son consentement : il ne l'est jamais de l'utilité du remploi.

Après le jugement de séparation, qui doit supporter les frais du ménage ?

Lorsque la séparation est contractuelle, la femme doit contribuer aux charges du ménage, jusqu'à concurrence du tiers de ses revenus, à moins de stipulation contraire ; mais dans le cas de séparation judiciaire, le mari est toujours présumé manquer de ressources ; aussi la plus grande part de charges doit-elle incomber à la femme, qui pourra même se voir obligée à les supporter toutes s'il ne reste plus rien à son époux.

Dans les charges du ménage sont compris les frais d'éducation des enfants communs, mais non des enfants que le mari pourrait avoir d'un premier lit.

La séparation judiciaire n'est pas irrévocable : la loi voit avec faveur les époux revenir à leurs premières conventions matrimoniales. Les formes de ce retour consistent en un acte authentique et à l'affiche dans la salle du tribunal civil, et de commerce dans le cas où le mari serait commerçant.

Il s'est élevé la question de savoir : si depuis la promulgation de l'art. 872 du Code de procédure sur les formalités de publicité de la séparation, cet article n'est pas également applicrble au cas de retour au contrat.

Les auteurs sont divisés sur ce point. La cour de cassation a interprété dans le sens le plus favorable aux époux. (Cass. 17 juin 1839.)

L'art. 1451 ajoute : « Toute convention par laquelle les époux rétabliraient la communauté sous des conditions différentes de celles qui les réglaient auparavant, est nulle. »

Du droit d'option.

« Après la dissolution de la communauté la femme ou ses héritiers et ayant-cause ont la faculté de l'accepter ou d'y renoncer. » (Art. 1453.)

Cette faculté accordée à la femme se retrouve dans le droit ancien. La jurisprudence la regardait comme une disposition d'ordre public à laquelle il était formellement interdit de déroger. Notre code adoptant les mêmes principes a prescrit que toute convention ou déclaration par laquelle la femme, soit dans son contrat, soit dans le cours de la communauté, se dépouillerait du droit d'accepter ou de renoncer, serait nulle et non-avenue.

Il ne faut pas pourtant confondre cette renonciation avec la donation que pourrait faire la femme de sa part dans la communauté : cette donation serait toujours valable, pourvu qu'elle n'excédât pas la quotité disponible.

Toutefois le droit d'option n'est pas tellement absolu que la femme ne puisse le perdre ; ainsi d'après l'art. 1454, la femme qui s'est immiscée dans les biens de la communauté ne peut plus renoncer.

La femme qui a opté dans un sens ne peut plus revenir sur cette option, à moins qu'elle n'ait été victime de quelque machination frauduleuse de la part des héritiers du mari. L'art. 1455 est explicite sur ce point.

De l'acceptation.

Lorsque la communauté a été dissoute par la mort du mari, la femme qui veut conserver la faculté de renoncer à la communauté doit, dans les trois mois du jour du décès du mari, faire faire un inventaire fidèle et exact des biens de la communauté contradictoirement avec les héritiers du mari, ou ceux dûment appelés.

Cet inventaire doit être affirmé, sincère et véritable, lors de sa clôture, devant l'officier public qui l'a reçu. (1456.)

L'acceptation peut être expresse ou tacite : expresse, lorsque la femme a pris dans un acte authentique quelconque la qualité de commune : tacite, lorsqu'elle accomplit un fait qui prouve qu'elle se regarde comme co-propriétaire des biens de la communauté.

Il y a cette distinction à faire entre la dissolution de la communauté par la mort du mari ou par la séparation judiciaire.

Dans les premiers cas, la femme est toujours présumée acceptante ; elle doit, pour conserver le droit de renoncer, faire procéder à l'inventaire dans le délai déterminé, trois mois et quarante jours, sauf prorogation. Dans le second cas, au contraire, elle est présumée renonçante jusqu'à l'acceptation expresse, par déclaration au greffe ou immixtion dans les affaires de la communauté.

La veuve qui a fait inventaire et qui ne s'est pas immiccée, conserve toujours le droit de renoncer, seulement elle peut être poursuivie comme commune, et elle doit payer les frais des poursuites faites contre elle jusqu'à sa renonciation. (1459.)

Si l'inventaire n'est pas fidèle, si quelques objets de la communauté avaient été récélés ou divertis, la femme, malgré sa renonciation, serait déclarée commune ; telles sont les dispositions de l'article 1460.

Dans toutes les situations où nous avons vu la femme, ses héritiers et ayant-cause jouissent des mêmes priviléges : ainsi ils auront comme elle le droit d'option ; ils auront les mêmes délais pour faire inventaire, pour délibérer ; et pour eux ces délais ne commenceront à courir que du jour du décès de la femme.

Aux termes de l'art. 1465, la veuve, par une faveur qu'explique assez sa position pénible, est autorisée à prendre sur les biens de la communauté les frais d'entretien et de nourriture pour elle et pour ses domestiques. La durée de ce bénéfice est limitée au temps employé pour faire inventaire et délibérer.

Les créanciers de la femme sont admis à critiquer la renonciation faite en fraude de leurs droits, ils peuvent même accepter la communauté de leur chef.

Partage de la communauté après l'acceptation.

« Après l'acceptation de la communauté par la femme et ses héritiers, l'actif se partage et le passif est supporté de la manière ci-après déterminée. (Art. 1467.)

Partage de l'actif.

Le partage de l'actif est précédé d'une liquidation générale qui s'opère par les rapports et reprises que les époux ou leurs héritiers ont à exercer.

Quid des récompenses ?

Il y a dans la société conjugale trois intérêts distincts qui ne doivent jamais jouir d'un avantage au détriment l'un de l'autre. Ces intérêts sont représentés par le mari, par la femme, et le troisième que nous pouvons aussi personnifier, par la communauté.

Il est de principe général que toutes les fois que l'un des époux a recueilli un bénéfice au détriment de l'autre ou de la communauté, récompense est dûe par l'époux qui a profité, soit à l'autre conjoint, soit à la communauté, et réciproquement.

Toutes les indemnités dûes par les époux à la communauté, ou par celle-ci à l'un des époux, emportent de plein droit les intérêts du jour de la dissolution de la communauté. (Art. 1474.)

Constitutions de dot.

L'opération qui le plus souvent donne lieu à ces sortes d'indemnités, est la constitution de dot soit d'enfants communs, soit d'un premier lit.

Si un époux s'est servi des biens de la communauté ou des biens de son conjoint pour doter un enfant d'un premier lit, il est évident qu'il en devra entière récompense. Quant à la constitution d'enfants communs, il faut distinguer. Toutes les fois que la dot a été constituée sans détermination de part, chacun est tenu personnellement pour moitié. Lorsque les conjoints ont déclaré se charger de la dot pour des parts inégales, et si elle a été acquittée sur les biens de la communauté, le débiteur de la plus forte somme devra à l'autre récompense de l'excédant. Si la dot est prise par chaque constituant sur ses propres, il ne sera dû aucune récompense.

Sur la masse des biens chaque époux prélève :

1° Ses biens personnels qui ne sont point entrés en communauté s'ils existent en nature, ou ceux qui ont été acquis en remploi ;

2° Le prix de ses immeubles qui ont été aliénés pendant la communauté, et dont il n'a point été fait remploi ;

3° Les indemnités qui lui sont dues par la communauté. (470.)

Les prélèvements de la femme s'exercent avant ceux du mari. (1471.)

Malgré la disposition de ce dernier article, il n'y a pas de différence entre le mari et la femme pour les deux premières reprises ;

c'est surtout pour les prélèvements des récompenses dues par la communauté que la femme a la priorité ; elle peut même dans ce cas, si les biens communs sont insuffisants, poursuivre le remboursement de sa créance sur les biens du mari.

Les récompenses, porte l'article 1471 (in fine) s'exercent d'abord sur l'argent, puis sur le mobilier, et subsidiairement sur les immeubles de la communauté.

Le choix des immeubles appartient à la femme ou à ses héritiers.

Après tous ces prélèvements, le surplus de l'actif se partage en suivant les règles ordinaires.

Du passif de la Communauté et de la contribution aux dettes.

Le passif de la communauté comprend, outre ce qui est dû au moment de la dissolution, les frais de scellé, d'inventaire, vente de mobiliers, liquidation, licitation et partage.

Généralement ces dettes doivent être pour moitié à la charge de chaque époux ; cependant lorsque la femme a fait un inventaire selon les prescriptions, elle n'est tenue des dettes qu'à concurrence de son émolument.

Pour bien nous rendre compte de la manière dont peuvent être poursuivies les dettes communes, et discerner les cas, où l'époux qui a donné au-delà de la part contributoire, a recours contre son conjoint, nous examinerons de quel chef elles proviennent.

Les dettes communes provenant du mari se poursuivent contre le mari pour le tout, contre la femme à concurrence de son émolument si elle a fait inventaire, sinon pour la moitié.

Les dettes de la femme se poursuivent contre le mari pour moitié, contre la femme pour le tout, sans recours de la femme contre le mari : lorsqu'il y a eu inventaire pour ce qui excède son émolument.

Celles contractées par les deux époux conjointement se poursuivent contre le mari pour le tout, contre la femme pour moitié.

Enfin les dettes contractées solidairement sont poursuivies pour le tout contre chaque époux.

D'après l'art. 1488, la femme qui a payé une dette de la communauté au-delà de sa moitié n'a point de répétition contre le créancier, à moins que la quittance n'exprime qu'elle n'entendait payer que pour sa part.

De la Renonciation.

Nous l'avons déjà dit, lorsque la communanté est dissoute par la séparation judiciaire, la femme est toujours présumée renonçante. L'inverse a lieu lors de la dissolution par la mort du mari. Dans ce dernier cas la renonciation doit toujours être expresse. Elle se fait par déclaration au greffe du tribunal sur le registre tenu pour recevoir les renonciations à successions. (Art. 1457.)

La femme qui renonce, dit l'art. 1492, perd toute espèce de droits sur les biens de la communauté ; même sur le mobilier qui y est entré de son chef. Elle a seulement le droit de retirer les linges et hardes à son usage.

Après la renonciation, elle ne doit plus contribuer aux dettes, mais elle conserve le droit de retirer ses immeubles, le prix de ses immeubles dont il n'a pas été fait remploi, toutes les indemnités qui lui sont dues par la communauté.

Comme dans le cas d'acceptation elle a droit au deuil, au logement et à son entretien pendant le délai précité.

Les héritiers qui ont renoncé à la communauté exercent les mêmes droits, excepté ceux de l'art. 1495 qui sont personnels à la femme.

CODE D'INSTRUCTION CRIMINELLE.

LIVRE II. — TITRE VII. — CHAPITRE IV.

De la réhabilitation des condamnés.

(Articles 619 à 634 inclusivement modifié par la loi du 3 juillet 1852.)

La réhabilitation existe depuis long-temps dans la législation française : elle est de tous les temps et de tous les régimes et avait précédé ces paroles de Bentham : *Les hommes, qui jugent comme des êtres bornés, ne doivent pas toujours punir comme des êtres insensibles.* Il serait, d'ailleurs, contraire à la morale d'enlever au condamné toute espérance pour l'avenir ; c'est déjà bien assez que la société use du droit qu'on lui reconnaît généralement de l'atteindre, même après l'expiration de sa peine, et de lui appliquer certaines incapacités civiles et politiques.

Les formes de la réhabilitation ont suivi chez chaque peuple la marche même de la civilisation et ont été modifiées selon sa constitution politique. En France, sous l'ancien régime, elle s'opérait en vertu d'un acte de la juridiction grâcieuse du souverain, lorsque le condamné avait subi la peine et satisfait à l'amende et aux condamnations civiles. Les lettres de réhabilitation étaient entérinées à la suite d'une requête présentée par le condamné lui-même et sur les conclusions du ministère public. Ces formalités remplies, et la réhabilitation obtenue, l'infamie de la condamnation était effacée, et le coupable était réintégré dans la plénitude de ses droits.

La loi de 1791 supprima le droit de grâce, organisa la réhabilitation sur de nouvelles bases et en fit un acte de justice. Elle s'opérait au moyen d'une enquête qui était faite par la municipalité. Lorsqu'à suite de cette enquête, elle avait opiné pour la réhabilitation, deux de ces membres conduisaient le condamné devant le tribunal criminel et demandaient qu'il fût réhabilité parce qu'*il avait expié son crime et que sa conduite était irréprochable.* Le tribunal se contentait alors, faisant droit à cette demande, de prononcer la réhabilitation et de dresser procès-verbal, moyennant quoi tout souvenir du passé se trouvait effacé.

Dans le Code d'instruction criminelle de 1808, la réhabilitation fut établie sur de nouveaux fondements, et l'on y fit intervenir à la fois les municipalités, les tribunaux, le chef de l'état, et tous les grands pouvoirs de la société. Elle eut pour effet immédiat de mettre fin, pour l'avenir, à toutes les incapacités, qui sont la conséquence de la condamnation. Mais elle n'avait pour objet que les peines afflictives et infamantes.

En 1848, le Gouvernement provisoire décréta que la réhabilitation serait prononcée à l'avenir par le ministre de la justice seul, sur le rapport du procureur-général, et qu'elle s'étendrait aux condamnations correctionnelles.

Aujourd'hui la loi du 3 juillet 1852 a abrogé le décret du gouvernement provisoire et remis en vigueur les anciennes dispositions du Code d'instruction criminelle, mais en y ajoutant les modifications que nous allons examiner en détail.

SECTION UNIQUE.

De la réhabilitation sous l'empire de la loi du 3 juillet 1852.

Le code d'instruction criminelle de 1808, modifié en 1832, n'admettaient pas que la réhabilitation pût s'étendre aux condamnés à des peines correctionnelles. La loi de 1852, en modifiant l'ancienne législation sur ce point, a tranché une question, depuis long-temps controversée. Les événements politiques, qui se sont passés en France depuis 1832, ont donné naissance à un grand nombre de lois transitoires ou d'exception, et créé de nombreuses incapacités résultant des lois correctionnelles, ayant la pluplart une durée perpétuelle. Il a paru rationnel, dès-lors, que les condamnés à ces sortes de peines fussent admis au bénéfice de la réhabilitation, et, en effet, c'est ce qui a été consacré d'une manière formelle par les dispositions de l'art. 619 de la nouvelle loi.

Mais à dater de quel jour la demande en réhabilitation doit-elle être formée ?

La loi actuelle a laissé subsister le délai de cinq ans, déjà admis par la loi ancienne ; il a été introduit pour la condamnation à la surveillance de la haute police, prononcée comme peine principale et réduite à trois années pour les condamnés à des peines correctionnelles, et à dater du jour de leurs délibérations.

Les conditions de résidence, exigées par l'art. 621 de la nouvelle loi sont moins rigoureuses que celles de la loi de 1832. Elles sont réduites à trois années pour les condamnés à une peine correctionnelle ; ils doivent avoir passé les deux dernières dans la même commune.

D'après l'ancienne loi, la demande en réhabilitation et les pièces à l'appui qui y sont relatives, devaient être adressées au procureur-général près la Cour royale après dépôt au greffe de cette même cour. Ce n'est plus aujourd'hui à ce magistrat qu'il faut avoir recours, mais seulement au ministère public près le tribunal civil de l'arrondissement. Le condamné doit lui faire connaître la date de sa condamnation et les lieux où il a résidé depuis ce moment, justifier du paiement des frais, exposés pour sa condamnation, et des dommages-intérêts qu'il aurait pu avoir à supporter en faveur de la partie civile ; enfin s'il a subi de contrainte par corps, pendant le temps expiré, ou s'il lui en a été fait remise; si c'est un failli condamné pour banqueroute frauduleuse, il doit justifier en outre du paiement de tout le passif en capital, intérêts et frais.

Quant aux attestations du domicile ou de la résidence du condamné depuis qu'il a subi sa peine, elles doivent être faites dans les formes prescrites par l'art. 624; elles diffèrent essentiellement de celles qui étaient prescrites vers l'ancienne loi.

Ces pièces sont déposées entre les mains du ministère public, celui-ci, après s'être fait délivrer une expédition de l'arrêt de condamnation et un extrait des registres du lieu où il a subi sa peine, constatant sa conduite pendant le séjour qu'il y a fait, sont transmises au procureur-général et déposés au greffe de la cour. Dans le mois il en fait un rapport à la chambre d'accusation, et le procureur-général y fait entendre ses conclusions motivées et par écrit. D'après l'art. 627 de l'ancienne loi, la Cour ne pouvait statuer que trois mois après la demande en réhabilitation ; mais une disposition de la loi nouvelle permet aujourd'hui de décider sans aucun retard. Dans aucun cas, un ajournement, s'il a lieu, pour prendre des nouvelles informations, ne peut excéder six mois.

Si l'avis de la cour n'est pas favorable, on ne peut former une nouvelle demande qu'après l'expiration de deux années, L'ancienne loi exigerait cinq années. Le délai naturel a été emprunté à la législation de 1791.

En cas d'avis favorable, les pièces sont transmises au ministre de la justice. Sur le rapport de celui-ci, il est statué par le chef du gouvernement, et des lettres de réhabilitation sont rédigées et expédiées à la cour ou au tribunal qui a prononcé la condamnation. Elles doivent être transcrites en marge de la minute de l'arrêt ou du jugement.

L'effet de la réhabilitation, aux termes de l'art. 634 de la nouvelle loi, est de faire cesser toutes les incapacités civiles ou politiques, qui résultent de la condamnation. Il n'y a d'exception que pour les interdictions prononcées par l'art 612 du Code de commerce.

L'art. 634 de l'ancienne loi excluait du bénéfice de la réhabilitation tous les récidivistes sans distinction aucune ; la nouvelle loi, moins sévère, ne la refuse qu'aux récidivistes pour crime emportant condamnation à des peines afflictives ou infâmantes et l'accorde à ceux qui ne se sont rendus coupables que de simples délits.

Celui qui ayant été réhabilité se rendrait coupable d'un nouveau crime ou d'un nonveau délit et encourrait une nouvelle condamtion ne pourrait plus invoquer le bénéfice de la réhabilitation. Au surplus, remarquons en finissant que la loi du 3 juillet 1852, dont nous venons de parcourir les principales dispositions, ne produira un résultat réel et appréciable que du jour où le système pénitentiaire actuel amélioré, aura eu pour effet de faire rentrer le condamné dans la société moins perverti et meilleur qu'avant la peine.

CODE DE PROCÉDURE.

Des demandes en distraction d'objets saisis mobilièrement ou immobilièrement.

Cette matière, dont les principes sont écrits et développés aux titres trois la saisie-exécution et de la saisie immobilière, se divise naturellement en deux sections. Dans la première nous traiterons de la demande en distraction d'objets saisis mobilièrement ; dans la seconde nous comprendrons tout ce qui est relatif au même sujet en ce qui touche aux objets saisis immobilièrement.

SECTION PREMIÈRE.

De la demande en distraction d'objets saisis mobilièrement.

La loi a déterminé d'une manière précise, au titre de la saisie-exécution, quels sont les objets saisissables et la jurisprudence dans un grand nombre de cas non prévus, a suppléé à son silence, ou a complété ses dispositions, en sorte qu'il reste aujourd'hui peu de décisions à rendre sur ce point.

Parmi les objets mobiliers, qui ne peuvent être saisis, il faut distinguer ceux que le législateur a déclaré insaisissables par un motif d'humanité à l'égard du débiteur et ceux dont la saisie et les conséquences qu'elle entraîne pourraient porter un préjudice considérable aux intérêts du tiers.

Les premiers sont désignés dans l'art. 592 du Code de procédure. Leur insaisissabilité n'est point d'ordre public, comme certains auteurs l'ont prétendu, mais seulement d'intérêt privé. Il résulte de ce principe que la saisie de ces objets n'est point nulle de plein droit et que la vente qui en serait la suite, devrait être déclarée valable : seulement le saisi aurait une action en dommages-intérêts contre le saisissant qui aurait, dans cette circonstance, outrepassé les limites que la loi a tracées. Mais l'huissier, qui aurait opéré la vente après avoir fait la saisie, pourrait être condamné à des dommages-intérêts personnellement et sans répétition contre le créancier saisissant, qui n'a pu dans son mandat donner pouvoir de faire ce qui est contraire à la loi.

Lorsque la vente des objets, dont nous parlons, n'a pas encore été faite, le saisi peut l'empêcher en formant préalablement une demande en distraction. Observons que cette demande ne peut s'appliquer qu'aux objets insaisissables, dont la restitution peut être faite, mais qu'elle est sans influence sur les autres objets, pour lesquels la validité de la saisie ne pourrait être compromise.

La demande en distraction doit être formée au moment même de la saisie ou, au plus tard, avant la vente. Si elle est faite postérieurement à la vente, il faut distinguer si le prix en a été distribué ou non aux créanciers. Dans le premier cas, nous pensons qu'il n'a aucun recours contre eux ; dans le second, il a incontestablement le droit d'obtenir sur le prix le montant des meubles saisis à son préjudice.

Nous avons dit en second lieu que la demande en distraction peut être faite, quand la saisie des objets mobiliers pourrait porter atteinte aux intérêts des tiers.

En effet il est de jurisprudence qu'un créancier ne peut faire saisir sur son débiteur des meubles ou objets mobiliers, dont celui-ci n'est que locataire et au détriment du propriétaire réel. La demande en distraction faite par celui-ci ne peut être repoussée par aucune fin de non-recevoir tirée de la saisie.

De même, si des meubles sont possédés par indivis par plusieurs et que la saisie en soit faite avant que le partage en soit effectué, les autres co-propriétaires pourront faire valablement opposition à la vente en argumentant de ce qu'ils ne sont point débiteurs et former en même temps une demande en distraction, qui aura pour effet de faire ajourner la vente des objets saisis jusqu'après le partage.

SECTION II.

De la demande en distraction d'objets saisis immobilièrement.

Aux termes de l'art. 725 du Code de procédure, la demande en distraction de tout ou partie des objets saisis sera formée tant contre le saisissant que contre la partie saisie, contre le créancier, premier inscrit, et au domicile élu dans l'inscription, etc. Il fixe ensuite le délai dans lequel la demande devra être intentée.

En principe, le tiers auquel appartiennent les immeubles indûment saisis, a seul droit d'en demander la distraction.

Cependant les créanciers hypothécaires de celui-ci jouiraient du même privilége, et pourraient intenter la même action en son nom.

Elle doit être formée conformément aux prescriptions de l'art. 718; c'est-à-dire par un simple acte d'avoué à avoué, contenant les moyens à conclusions. Il n'y a point de délai fatal, et elle est recevable jusqu'à l'adjudication. Après l'adjudication même, si les droits du tiers contre le débiteur sont éteints, ils sont toujours recevables contre l'adjudicataire, à qui l'on n'a pu transmettre que les droits que l'on avait.

Mais si le premier créancier inscrit est lui-même poursuivant, l'action serait-elle aussi formée contre lui ? il est vrai que la loi n'a fait ici aucune distinction, cependant il ne faut pas en conclure que si le premier créancier inscrit est poursuivant ou n'ait pas voulu faire assigner le deuxième inscrit, nous pensons, conformément à l'opinion de M. Carré, qu'on a voulu désigner ici les créanciers inscrits en premier rang, sans y comprendre celui qui a intenté l'action.

Au surplus, dans la qualification *d'objets saisis*, il faut comprendre les servitudes passives d'usufruits, d'usage et d'habitation, qui peuvent être l'objet d'une action et revendication, quoique dans certains cas la jurisprudence ait paru incertaine à cet égard.

Le second paragraphe de l'art. 725 du code de procédure fixe le délai dans lequel la saisie devra comparaître; quoique cet article garde le silence au sujet des premiers créanciers inscrits, lorsqu'ils n'ont pas constitué avoué, il nous paraît certain que les dispositions doivent leur être appliquées également. Dans tous les cas, si le saisi n'a pas constitué avoué pendant la poursuite, il aura pour comparaître un délai augmenté d'un jour pour chaque cinq myriamètres entre son domicile et le lieu où siége le tribunal, sans qu'il puisse être augmenté à l'égard de celui qui serait domicilié hors du domicile continental de la France.

La loi ne prononçant pas la nullité, en cas d'inobservation des formalités prescrites par l'art. 725, nous ne pensons pas qu'il y ait lieu de les suppléer au moins en général, mais il faudrait annuler l'acte signifié, s'il lui manquait quelqu'une des conditions exigées pour son existence comme acte. Dans tous les cas la nullité de la demande en distraction pour irrégularité ou vice de forme n'a pas pour effet d'entraîner la perte du droit de celui qui a formé cette demande. Mais le demandeur en distraction doit être condamné à supporter les dépens, s'il succombe dans sa demande en revendication.

Quoi qu'il en soit, cette demande étant purement incidente, n'est aucunement soumise au préliminaire de la conciliation.

La demande en distraction doit contenir, aux termes de l'art. 726, l'énonciation des titres justificatifs, lesquels doivent être déposés au greffe, ainsi que la copie de l'acte de dépôt. Nous pensons qu'il faut ajouter aux dispositions de cet art. et dire que la demande contiendra aussi la désignation et la description des objets revendiqués. Si à défaut de titres, la demande reposait sur un fait, il faudrait aussi qu'elle contint l'indication de ce fait. Si l'on ne demande la distraction que d'une partie des objets saisis, il sera passé outre malgré cette demande, et l'on procédera à l'adjudication du surplus des objets saisis. Le sursis sera la conséquence de cette demande en distraction et le tribunal pourra l'ordonner même sur la demande d'une seule des parties, surtout s'il a la conviction qu'en faisant droit à cette demande, il peut augmenter la valeur réelle de l'immeuble.

Mais pourrait-il refuser d'accorder ce sursis, si toutes les parties le demandaient? Nous pensons qu'il ne le pourrait point sans agir *d'office*, ce qu'il ne peut jamais faire en matière de saisie immobilière.

Si la demande en distraction partielle est réduite, et que la distraction soit ordonnée, le poursuivant sera admis à changer la mise à prix portée au cahier des charges. Art. 727.

Vu par le Président de la Thèse,

Paul BRESSOLLES.

Cette Thèse sera soutenue le 10 *mai* 1853, *dans une des salles de la Faculté de Droit de Toulouse.*

Toulouse, imprim. de Vᵉ Sens et P. Savy, rue St-Rome, 4 (Entrée r. du Puits-Vert).

1853

www.ingramcontent.com/pod-product-compliance
Ingram Content Group UK Ltd.
Pitfield, Milton Keynes, MK11 3LW, UK
UKHW020438220726
13923UKWH00005B/2208